My First Spanish Word Book

Introduction

Why should I learn another language?

Different people in different countries speak many many different languages. Nobody can speak them all, but many clever people can speak a few. Learning a new language other than your mother-tongue (the language spoken by your parents or carers in your own home) will not only be very useful to you, but it can be enormous fun. It will help you to communicate with people from other countries, so you can make friends, buy things in shops, ask directions, read books and watch films in another language. The best thing about it is that children are much better at learning new languages than adults are, so it's a chance to show how clever you are, too!

Before you start, here are some things you need to know about the Spanish language.

In Spain, there are 4 languages which are widely spoken in different areas; Castillian, Catalan, Galician and Basque. The official Spanish language however is Castillian, and therefore all the Spanish words in this book are Castillian.

Spanish nouns (objects) are either male or female. This means that when we would use 'a' or 'the' before a noun there are different versions depending on whether the following noun is male or female. For instance, 'the' in Spanish is either 'el' (for male nouns) or 'la' (female nouns). The Spanish for 'a' is either 'un' (male) or 'una' (female). Normally, if a word ends in 'a' it is feminine and if it ends in 'o' it is masculine. But look out, it doesn't always work out that way!

Words which are plural (more than one object, such as 'cats') have 'los' if the nouns are male and 'las' if the nouns are female.

At the back of the book we have listed all the words and what they mean in English. Here, we also tell you whether the word is male or female.

Don't worry if this seems complicated - the most important thing is to learn the names of the words themselves.

Have fun!

Counting to Twenty

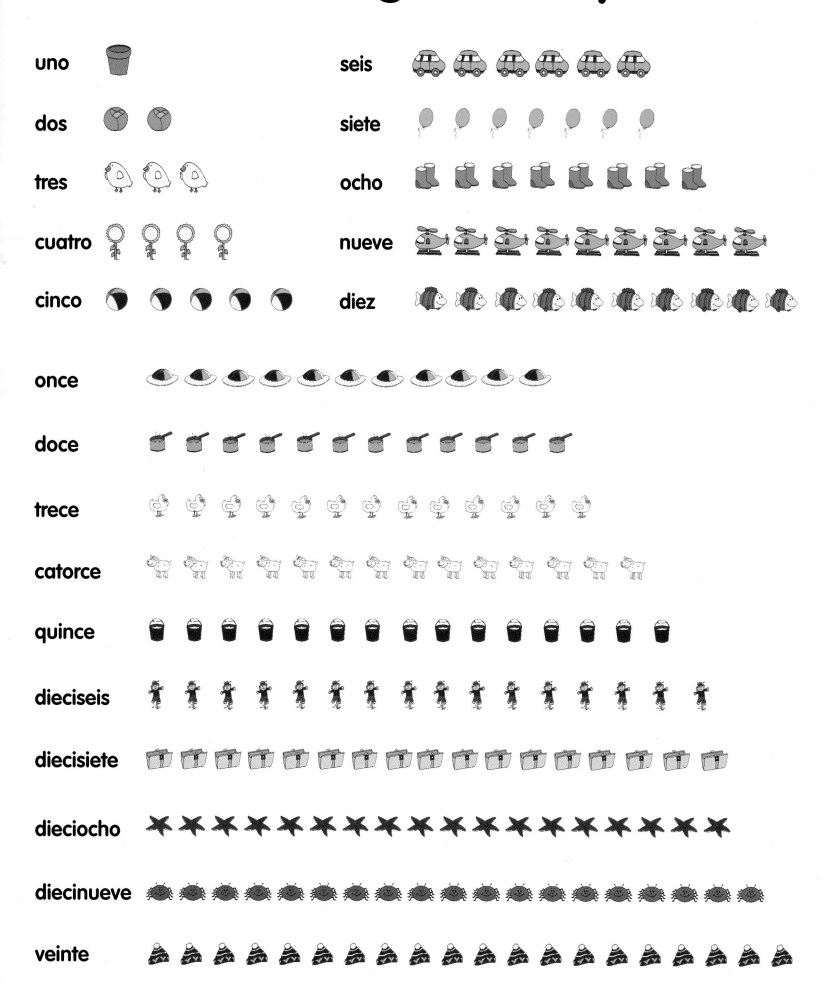

uno

dos

tres

cuatro

cinco

seis

siete

ocho

nueve

diez

once

doce

trece

catorce

quince

dieciseis

diecisiete

dieciocho

diecinueve

veinte

Shapes and Colours

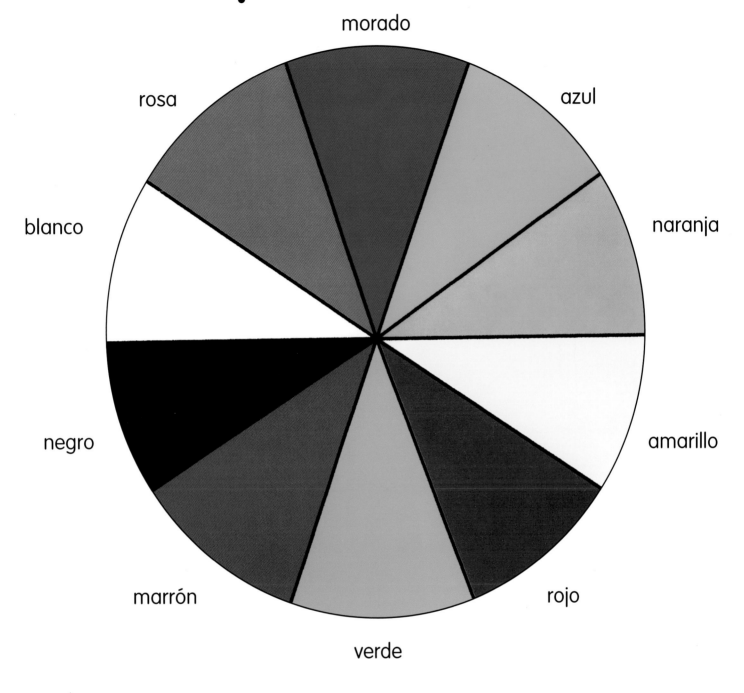

morado

rosa

azul

blanco

naranja

negro

amarillo

marrón

rojo

verde

el círculo

el rectángulo

el diamante

el triángulo

el cuadrado

el óvalo

el semicírculo

la media luna

el corazón

la estrella

Our Bodies

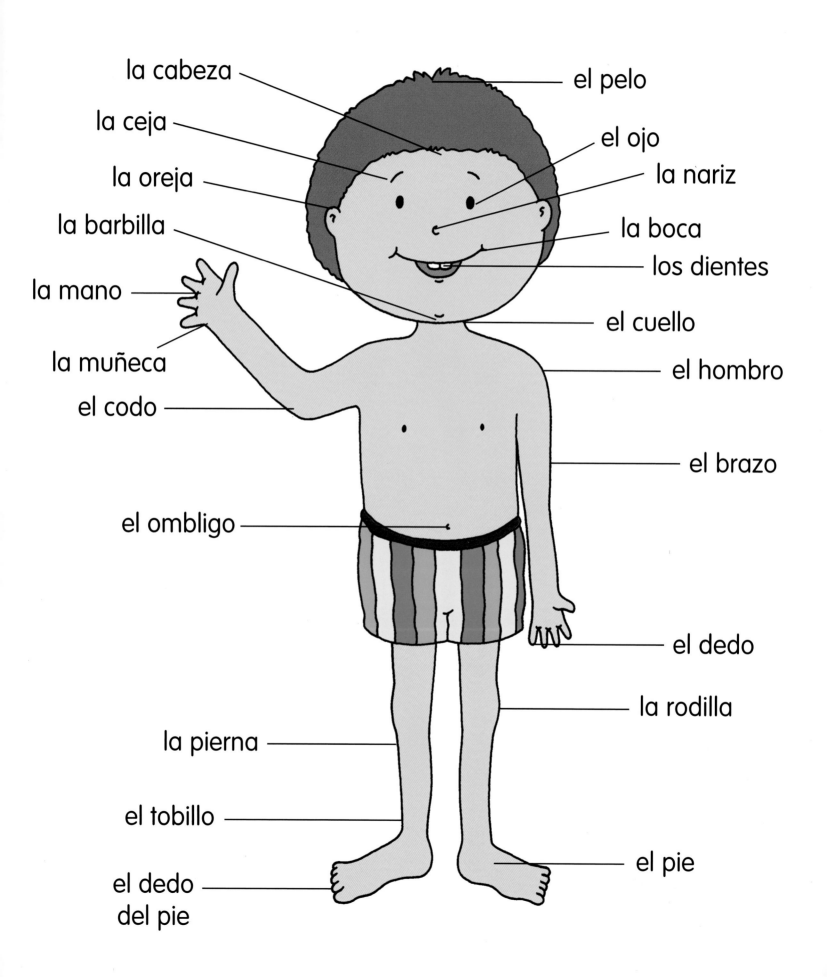

la cabeza

la ceja

la oreja

la barbilla

la mano

la muñeca

el codo

el ombligo

la pierna

el tobillo

el dedo
del pie

el pelo

el ojo

la nariz

la boca

los dientes

el cuello

el hombro

el brazo

el dedo

la rodilla

el pie

What am I Doing?

yo trepo

yo salto

yo soplo

yo nado

yo pinto

yo me siento

yo dibujo

yo patino

yo estoy de pie

yo me deslizo

yo cavo

yo escribo

yo como

yo empujo

yo me columpio

yo me lavo

yo bebo

yo duermo

Wild Animals

el coala

la cebra

el camello

el gorila

el canguro

el hipopótamo

el cocodrilo

el tigre

el oso

el mono

el mapache

el rinoceronte

el león

el elefante

el oso panda

la serpiente

la iguana

el oso polar

la jirafa

el castor

la tortuga marina

Pets and Birds

el pollo

la tortuga

el pony

el pavo real

el buitre

el hámster

el avestruz

el perro

el conejo

el pato

el conejillo de Indias

el loro

el pez

el pingüino

el cisne

el ratón

el canario

el gato

la paloma

Days, Months and Seasons

Lunes child is fair of face.

Martes child is full of grace.

Miércoles child is full of woe.

Jueves child has far to go.

Viernes child works hard for a living.

Sábado child is loving and giving.

But the child that is born on **Domingo**

Is bonny and blithe in every way.

What season is it?

Primavera

Verano

Invierno

Otoño

What month is it?

Enero	Febrero	Marzo	Abril	Mayo	Junio
Julio	Agosto	Septiembre	Octubre	Noviembre	Diciembre

Opposites

grande  pequeño

por debajo  por encima

dentro  fuera

de día  de noche

subir  bajar

rápido  lento

contento  triste

caliente frío

blando  duro

Getting Dressed

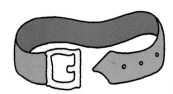
el cinturón

los zapatos

el vestido

la blusa

los calcetines

el sombrero

la falda

los pantalones

el abrigo

el jersey

la camiseta

la bufanda

el lazo

la percha

el botón

el estante

el mono

la chaqueta

el
colgadero

los
pantalones cortos

la cómoda

la cremallera

Learn and Play

la profesora

el dibujo

las tijeras

los lápices

el pegamento

la pizarra

el reloj

el pincel

la pintura

el delantal

el dinosaurio

las tizas

las acuarelas

la mesa

las ceras

el trapo

la planta

el libro

el papel

At the Beach

la bandera

la mujer

las conchas

el niño

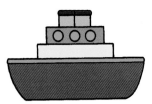
el barco

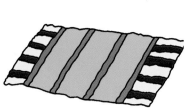
la toalla

los castillos de arena

la gaviota

la estrella de mar

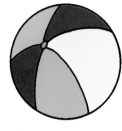
la pelota

el faro

la arena

el hombre

las rocas

la niña

el sombrero

  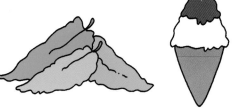  

el cangrejo   el cubo   la mar   las algas   el helado   las gafas
de sol

At the Shops

el pan

los pepinos

los huevos

el queso

la leche

las patatas

las uvas

el periódico

las naranjas

la carne

las manzanas

las salchichas

la caja

las peras

la cesta

el monedero

el dinero

el bolso

las flores

las zanahorias

los tomates

los plátanos

el chocolate

In the Garden

la rociadera

la rosa

la regadera

la hormiga

el árbol

la col

la maceta

el cortacésped

el césped

el gato

las hojas

el estanque

el girasol

el nido

el hueso

el rastrillo

el pájaro

el perro

el arbusto

la carretilla

At the Toy Store

la caja sorpresa

la muñeca

el oso de peluche

el tren

el rompecabezas

el avión

el coche

el tambor

el ordenador

los bloques

el fuerte

el caballo de balancín

el camión

la pelota

el yo-yo

la vía de tren

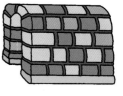

el túnel

el payaso

la trompeta

el helicóptero

A Rainy Day

las botas

el puente

el pez

el paraguas

la nube

las ranas

el pájaro

el barco

el arco iris

el mantel

la valla

la pared

el tren

el avión

la olla

el charco

el gorro

la tienda de campaña

el impermeable

On the Farm

el espanta-pájaros

el cerdo

el tractor

la cabra

la telaraña

los pollitos

el pato

el caballo

el cordero

las plumas

la vaca

el cubo

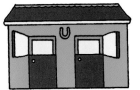

la cuadra

el pavo

la oca

la silla de montar

la pocilga

el granero

el granjero

el perro

el estanque

A Snowy Day

los patines

los esquíes

el gorro

el muñeco
de nieve

los guantes

el pájaro

el carámbano

la chaqueta

las bolas
de nieve

el iceberg

el abrigo

la bufanda

los guantes

el iglú

las montañas

los copos
de nieve

el esquimal

el trineo

los árboles

On the Riverbank

el pez

el conejo

las abejas

los renacuajos

el tarro

las ranas

la caña de pescar

la red

las mariposas

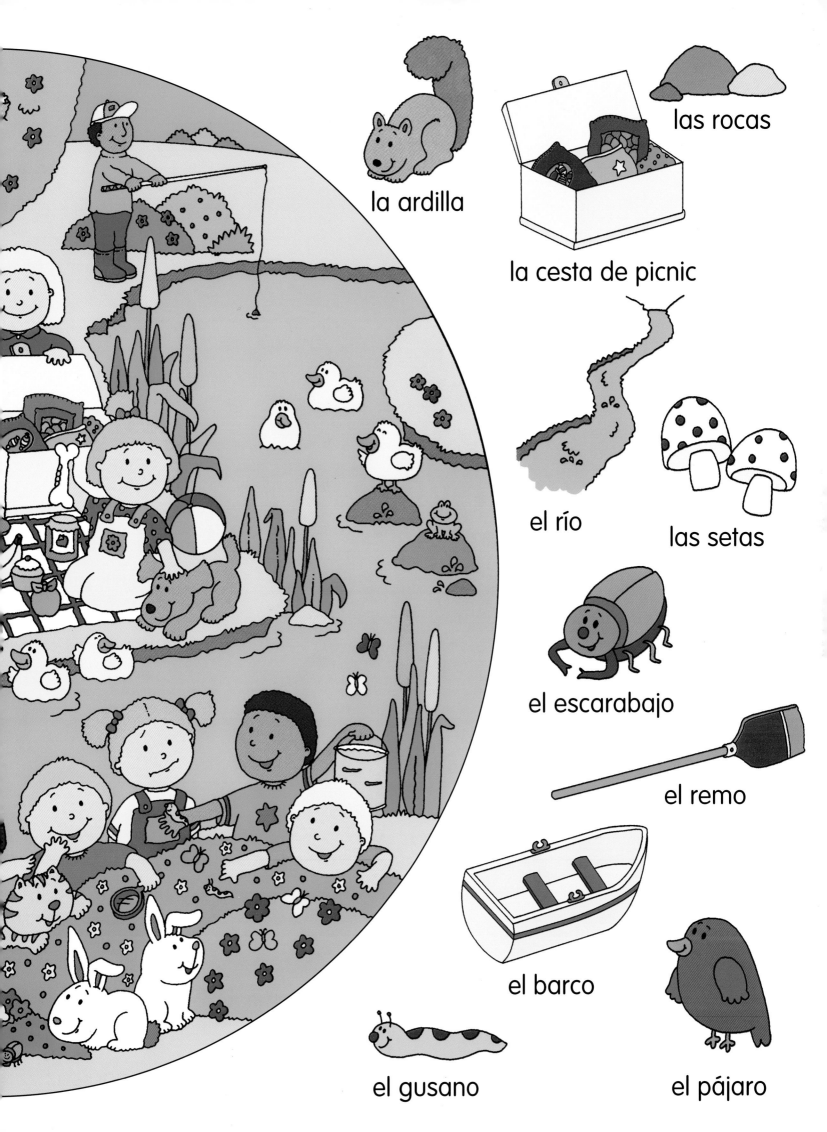

la ardilla

las rocas

la cesta de picnic

el río

las setas

el escarabajo

el remo

el barco

el gusano

el pájaro

la cometa

la fuente

el barco

At the Park

el columpio

el balancín

el banco

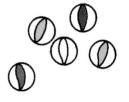

las canicas

la sillita
de ruedas

el patinete

el tobogán

la bicicleta

los patines

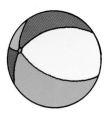

la pelota

el bate

el cajón de arena

In the Kitchen

la cocina

la harina

la mantequilla

el cuenco

la tabla de picar

el lavavajillas

el rodillo

el delantal

la cuchara
de madera

la tostadora

el microondas

la silla

el fregadero

el vaso

el tenedor

la cuchara

el cuchillo

la taza

la mesa

el plato

The Birthday Party

el pastel

los bocadillos

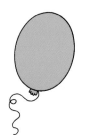

el globo

las galletas

los regalos

la paja

el helado

los gorros de fiesta

la leche

el collar

las tarjetas

la vela

las palomitas

el mantel

la máquina fotográfica

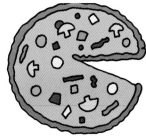

la pizza

Time for Bed

las estrellas

el espejo

el cepillo

el peine

la bañera

el jabón

la esponja

la toalla

el cepillo de dientes

la pasta
de dientes

el buho

los juguetes

el retrato

la almohada

la cama

la sábana

la lámpara

el libro de cuentos

el oso de peluche

las zapatillas

la alfombra

Dictionary

Counting to Twenty

uno = one
dos = two
tres = three
cuatro = four
cinco = five
seis = six

siete = seven
ocho = eight
nueve = nine
diez = ten
once = eleven
doce = twelve
trece = thirteen

catorce = fourteen
quince = fifteen
dieciseis = sixteen
diecisiete = seventeen
dieciocho = eighteen
diecinueve = nineteen
veinte = twenty

Shapes and Colours

amarillo = yellow
azul = blue
blanco = white
marrón = brown
morado = purple
naranja = orange

negro = black
rojo = red
rosa = pink
verde = green
círculo = circle
corazón = heart
cuadrado = square
diamante = diamond

estrella = star
media luna = crescent
óvalo = oval
rectángulo = rectangle
semicírculo = semi-circle
triángulo = triangle

Our Bodies

barbilla = chin
boca = mouth
brazo = arm
cabeza = head
ceja = eyebrow
codo = elbow
cuello = neck

dedo = finger
dedo del pie = toe
dientes = teeth
hombro = shoulder
mano = hand
muñeca = wrist
nariz = nose
ojo = eye

ombligo = belly-button
oreja = ear
pelo = hair
pie = foot
pierna = leg
rodilla = knee
tobillo = ankle

What am I doing?

yo trepo = I climb
yo salto = I jump
yo soplo = I blow
yo nado = I swim

yo pinto = I paint
yo me siento = I sit
yo dibujo = I draw
yo patino = I skate
yo estoy de pie = I stand
yo me deslizo = I slide
yo cavo = I dig

yo escribo = I write
yo como = I eat
yo empujo = I push
yo me columpio = I swing
yo me lavo = I wash myself
yo bebo = I drink
yo duermo = I sleep

Wild Animals

camello = camel
castor = beaver
cebra = zebra

coala = koala
cocodrilo = crocodile
elefante = elephant
gorila = gorilla
hipopótamo = hippopotamus
iguana = iguana
jirafa = giraffe
canguro = kangaroo
león = lion

mapache = racoon
mono = monkey
oso = bear
oso polar = polar bear
oso panda = panda
rinoceronte = rhinoceros
serpiente = snake
tigre = tiger
tortuga marina = turtle

Pets & Birds

avestruz = ostrich
buitre = vulture
canario = canary
cisne = swan
conejillo de Indias = guinea pig
conejo = rabbit
gato = cat

hámster = hamster
pony = pony
loro = parrot
paloma = pigeon
pato = duck
pavo real = peacock
pingüino = penguin
perro = dog

pez = fish
pollo = chicken
ratón = mouse
tortuga = tortoise

Days, Months and Seasons

Lunes = Monday
Martes = Tuesday
Miércoles = Wednesday
Jueves = Thursday
Viernes = Friday
Sábado = Saturday
Domingo = Sunday
Primavera = Spring

Verano = Summer
Otoño = Autumn
Invierno = Winter
Enero = January
Febrero = February
Marzo = March
Abril = April
Mayo = May
Junio = June

Julio = July
Agosto = August
Septiembre = September
Octubre = October
Noviembre = November
Diciembre = December

Opposites

grande = big
por debajo = under
dentro = in
de día = day
subir = to go up
rápido = fast
contento = happy
caliente = hot
blando = soft

pequeño = small
por encima = over
fuera = out
de noche = night
bajar = to go down
lento = slow
triste = sad
frío = cold
dura = hard

Getting Dressed

abrigo = coat
blusa = blouse
botón = button
bufanda = scarf
calcetines = socks
camiseta = t-shirt
chaqueta = jacket

cinturón = belt
colgadero = hook
cómoda = chest of drawers
cremallera = zip
estante = shelf
falda = skirt
jersey = sweater
lazo = ribbon

mono = dungarees
pantalones = trousers
pantalones cortos = shorts
percha = hanger
sombrero = hat
vestido = dress
zapatos = shoes

Learn & Play

acuarelas = watercolours
ceras = crayons
delantal = apron
dibujo = picture
dinosaurio = dinosaur
lápices = pencils

libro = book
mesa = table
papel = paper
pegamento = glue
pincel = brush
pintura = paint
pizarra = blackboard

planta = plant
profesora = teacher
reloj = clock
tijeras = scissors
tizas = chalk
trapo = cloth

At the Beach

algas = seaweed
arena = sand
bandera = flag
barco = ship
cangrejo = crab
castillos de arena = sandcastles
conchas = shells

cubo = bucket
estrella de mar = starfish
faro = lighthouse
gaviota = seagull
gafas de sol = sunglasses
helado = ice cream
hombre = man
mar = sea

mujer = woman
niña = girl
niño = boy
pelota = ball
rocas = rocks
sombrero = hat
toalla = towel

At the Shops

bolso = bag
caja = check-out
carne = meat
cesto = basket
chocolate = chocolate
dinero = money
flores = flowers

huevos = eggs
leche = milk
manzanas = apples
monedero = purse
naranjas = oranges
pan = bread
patatas = potatoes
pepinos = cucumbers

peras = pears
periódico = newspaper
plátanos = bananas
queso = cheese
salchichas = sausages
tomates = tomatoes
uvas = grapes
zanahorias = carrots

In the Garden

árbol = tree
arbusto = bush
carretilla = wheelbarrow
césped = lawn
col = cabbage
cortacésped = lawnmower
estanque = pond
gato = cat
girasol = sunflower
hojas = leaves

hormiga = ant
hueso = bone
maceta = flower pot
nido = nest
pájaro = bird
perro = dog
rastrillo = rake
regadera = watering can
rociadera = sprinkler
rosa = rose

At the Toy Store
avión = plane
bloques = blocks
caballo de balancín = rocking horse
caja sorpresa = jack-in the-box
camión = truck
coche = car
fuerte = fort
helicóptero = helicopter
muñeca = doll
ordenador = computer
oso de peluche = teddy bear
payaso = clown
pelota = ball
rompecabezas = jigsaw puzzle
tambor = drum
tren = train
trompeta = trumpet
túnel = tunnel
vía de tren = track
yo-yo = yo yo

Rainy Day
arco iris = rainbow
avión = plane
barco = boat
botas = boots
charco = puddle
gorro = rain hat
impermeable = rain coat
mantel = blanket
nube = cloud
olla = saucepan
pájaro = bird
paraguas = umbrella
pared = wall
pez = fish
puente = bridge
ranas = frogs
tienda de campaña = tent
tren = train
valla = fence

On the Farm
caballo = horse
cabra = goat
cerdo = pig
cordero = lamb
cuadra = stable
cubo = bucket
espantapájaros = scarecrow
estanque = pond
granero = barn
granjero = farmer
oca = goose
pato = duck
pavo = turkey
perro = dog
plumas = feathers
pocilga = pig sty
pollitos = chicks
silla de montar = saddle
telaraña = cobweb
tractor = tractor
vaca = cow

A Snowy Day
abrigo = coat
árboles = trees
bolas de nieve = snowballs
bufanda = scarf
carámbano = icicle
chaqueta = jacket
copos de nieve = snowflakes
esquíes = skis
esquimal = Eskimo
gorro = hat
guantes = gloves
iceberg = iceberg
iglú = igloo
montañas = mountains
muñeco de nieve = snowman
pájaro = bird
patines = ice skates
pipa = pipe
trineo = toboggon

On the Riverbank

abejas = bees
ardilla = squirrel
barco = boat
caña de pescar = fishing pole
cesta de picnic = picnic basket
conejo = rabbit

escarabajo = beetle
gusano = catepillar
mariposa = butterfly
pájaro = bird
pez = fish
ranas = frogs
red = net

remo = oar
renacuajos = tadpole
río = river
roca = rock
setas = mushroom
tarro = jar

In the Park

balancín = see-saw
banco = bench
barco = boat
bicicleta = bicycle
cajón de arena = sandbox
canicas = marbles
columpio = swing

cometa = kite
fuente = fountain
bate = bat
patines = skates
patinete = scooter
pelota = ball
sillita de ruedas = buggy
tobogán = slide

In the Kitchen

cocina = stove
cuchara = spoon
cuchara de madera = wooden spoon
cuchillo = knife
cuenco = mixing bowl
delantal = apron

fregadero = sink
harina = flour
lavavajillas = dishwasher
mantequilla = butter
mesa = table
microondas = microwave
plato = plate
silla = chair

tabla de picar = chopping board
tostadora = toaster
taza = cup
tenedor = fork
vaso = glass

The Birthday Party

bocadillos = sandwiches
collar = necklace
galletas = cookies
globo = balloon
gorro de fiesta = party hat

helado = ice cream
leche = milk
mantel = tablecloth
máquina fotográfica = camera
paja = straw
palomitas = popcorn

pastel = cake
pizza = pizza
regalos = presents
tarjetas = cards
vela = candle

Time for Bed

alfombra = rug
almohada = pillow
bañera = bath
búho = owl
cama = bed
cepillo = brush
cepillo de dientes = toothbrush

espejo = mirror
esponja = sponge
estrellas = stars
jabón = soap
juguetes = toys
lámpara = lamp
libro de cuentos = storybook
oso de peluche = teddy bear

pasta de dientes = toothpaste
peine = comb
retrato = picture
sábana = sheet
toalla = towel
zapatillas = shoes